25分钟
漫话民法典

张典标◎文字

陈琰泽◎漫画

新 华 出 版 社

图书在版编目（CIP）数据

25分钟漫话民法典 / 张典标，陈琰泽著.

北京：新华出版社，2021.2

ISBN 978-7-5166-5659-4

Ⅰ.①2… Ⅱ.①张…②陈… Ⅲ.①民法—法典—
中国—通俗读物 Ⅳ.① D923.04

中国版本图书馆 CIP 数据核字（2021）第 025929 号

25 分钟漫话民法典

作　　者：张典标　陈琰泽

选题策划：高广志　　　　　　　责任编辑：张　程
责任校对：刘保利　　　　　　　封面设计：童色戏文化传媒

出版发行：新华出版社
地　　址：北京石景山区京原路 8 号　　邮　　编：100040
网　　址：http://www.xinhuanet.com/publish
经　　销：新华书店、新华出版社天猫旗舰店、京东旗舰店及各大网店
购书热线：010-63077122　　中国新闻书店购书热线：010-63072012

照　　排：华兴嘉誉
印　　刷：三河市君旺印务有限公司

成品尺寸：145mm×210mm
印　　张：3.625　　　　　　　字　　数：85 千字
版　　次：2021 年 2 月第一版　　印　　次：2021 年 10 月第二次印刷

书　　号：ISBN978-7-5166-5659-4
定　　价：32.50 元

民法典是对时代新问题作出的回答

王轶：中国人民大学党委常委、副校长，博士生导师，中国法学会常务理事、中国法学会民法学研究会副会长兼秘书长、中国法学会民法典编纂项目领导小组成员、秘书长。

中国有数千年悠久的法律文明史，可以说我们的文明史有多长，我们的法律文明史就有多悠久。特别值得自豪的是，在农业文明时代，中国在法律文明领域处于领跑者的位置上。中国古代的唐律、宋刑统，对周边很多国家都产生了相当大的影响。但是进入到工业文明时代之后，我们从领跑者变成了一个相对的落后者。

我们希望能够实现中华民族的伟大复兴。起草中国自己的民法典，正是民族复兴梦想在法律文明上的体现。新中国成立之后，我们一而再、再而三地尝试制定民法典，一个重要的原因是，在成文法的法律传统之下，一个国家一个民族是想通过民法典的编纂，表达这个国家和民族对人类所面对的一系列基本问题和重大问题的看法。比如，我们如何看待人、家、社会、国家、人类和自然？民法典编纂是直接回答这些问题的。在这个意义上，民法典包含着一个民族的精神密码。如果你想了解一个民族内心最隐秘的想法，那一定要看看这个民族的民法典。也可以说，编纂民法典是对一个国家和民族良心和智慧的一次检验。

民法典也构成了一个国家软实力的核心。站在 21 世纪第二个十年和第三个十年的交叉点，中国有没有能力去回答这个时代的中国之问和时代之问？当今世界正处在百年未有之大变局，从民法典的

编纂来讲，一个比较大的变局就是人类正在从工业文明迈入到信息文明。在信息文明时代，中国之问、时代之问，跟工业文明时代和农业文明时代都不一样。

以个人信息保护为例。在农业文明时代和工业文明时代的个人信息保护，和信息文明时代大数据背景之下的个人信息保护，完全是两个不同的概念。在农业文明和工业文明时代，我们通过对隐私权的保护，某种意义上就可以完成对个人信息的保护。简单说，你不想让别人知道的信息，才会受到法律的保护。但进入到信息文明时代之后，就算你愿意让别人知道的信息，在大数据的背景下也要通过"对个人信息的保护"加以保护。比如个人的行踪信息，尽管通常不属于隐私，但这些信息在民法典人格权编也进行确认和保障。

这样的例子还有很多，比如民法典保护的数据和网络虚拟财产。在农业文明和工业文明时代，人们根本想象不到数据和网络虚拟财产等会成为财产的一种。还有合同编对电子合同的规定，就是对互联网交易的回应。这也是信息文明时代才会有的问题。

这一次民法典的编纂，立法机关、实务部门和学术界，包括社会各界人士，都希望我们能在信息文明时代，在法律文明的一些领域再次成为领跑者。从农业文明向工业文明过渡时期，最具代表性的法典是法国民法典。工业文明时代最具代表性的是德国民法典。这次我们跟他们有一个很大的不同是，我们把人格权独立成编了。独立的人格权编，既对传统的人格权益进行确认和保障，更对信息文明时代的人格权益在确认和保障中面对的新问题，作出了相应的回应。通过这次民法典的编纂，希望我们这个有着悠久的法律文明传统的民族能够继续对人类有所回馈。回馈的方式就是立足全体中国人所分享的共识，对这个时代的这些新问题作出回答。

★｜序言二

充满人间烟火气的民法典

 孟强：北京理工大学法学院民法典研究中心主任，法学博士，副教授，硕士生导师，中国法学会民法学研究会副秘书长。

"人间烟火气，最抚凡人心。"在所有的法律部门中，民法是最贴近普通人的生活的法律，而民法典也是最具有烟火气的法典。相对于刑法中规定的严刑峻法，人们既不希望成为犯罪嫌疑人，更不希望成为刑事犯罪的受害人；相对于行政法中行政机关做出的具体行政行为损害了行政相对人合法权益这样的"民告官"纠纷，普通老百姓接触到的机会也并不太多。但民法典则不同，民法典所规定的每个条文，都紧密围绕着一个普通老百姓的生老病死、婚丧嫁娶、衣食住行、进入学校、步入职场、购买住房、开设公司、农村安居、耕田种菜、安享晚年、身后权益保护的方方面面来展开。民法典的条文，都可以读出每个人所关切的那些人和事。所以，民法典是老百姓的法典，是充满人间烟火气的法典。

首先，民法典关注的是市民生活中的日常事、家常事、琐碎事。老百姓的日常生活，惊天动地的事情并不多，绝大多数都是一些琐碎小事，而这主要关乎人身权利的行使和保护，以及财产权利的获得、行使和保护，民法典就是规定这些人身权和财产权的行使和保护。再例如，买卖日常生活用品起了纠纷，合同关系怎么认定？捡到了别人丢失的物品要不要还？邻居家装修噪音扰民怎么办？对于拖欠物业费的业主，物业公司能不能停水断电来催款？婚前一方购

买的房屋，离婚时升值部分算谁的？老人有一套房屋但医药开销的现金不足，该怎么办？在医院做手术没有达到预期疗效，还留下后遗症，医院到底有没有责任？在公园散步被别人带出来的狗咬伤了，怎么办？这些都是民法典能够直接提供答案的情况，也是人们日常生活中最常见的情景。

其次，民法典以保护老百姓的权利为己任。民法典虽然也要维护国家利益、社会公共利益，但更多的是维护老百姓的各种权利，这就不同于宪法、刑法等法律重点是要维护国家利益、社会秩序。虽然说权利和义务是一个硬币的两面，不可缺一，但为了强调对权利的重视，民法典主要是从正面规定老百姓享有哪些权利、这些权利如何行使。例如，从出生之前的胎儿开始，民法典就开始进行保护了，一直到自然人去世之后的名誉、隐私等利益，民法典也提供保护措施。为了更好地保护老百姓的权利，在法律明文规定的各项权利之外，民法典还扩大保护那些虽然没有被写进法律中的"权利"，但是仍然有保护必要的"利益"，合起来称之为"权益"。这就最大限度地给法院保护老百姓的合法利益提供了法律依据。

最后，民法典还保护人们在科技飞速进步时代的权利，确保人作为科技的主体而不是被科技奴役。自从17世纪工业革命以来，人类发明的科学技术以加速度的形式飞跃发展，许多新的科技手段都对人作为一个有血有肉有感情的社会性的生物体带来了挑战和威胁。例如，智能手机带来网络移动终端的普及，同时也带来偷拍上传等个人隐私轻易被侵犯被传播的威胁；电子商务和快递物流的发达，让人们足不出户就能购买一切、享受一切，但同时也带来了个人信息被不良商家搜集出售倒卖的威胁；基因编辑技术的发展让一些无良冷血科学家将人类的婴儿作为基因实验的对象，丝毫不顾及实验失败可能带来的缺陷婴儿或者怪婴的后果，如此等等，让本

来应该是天地间最为可贵的人，沦为了科技进步的客体，让人被科技奴役，让人们的权利被新的科技手段侵害。我们的民法典预见到了这些情况，并提供了应对的手段。民法典强调公序良俗的基本原则，还单独规定了人格权一编，强调人的尊严和自由不容侵犯，以人为对象的科技实验必须符合伦理原则、接受伦理委员会的审核，强调人的隐私权、个人信息不得侵犯。在民法典高举的人的保护的旗帜之下，《个人信息保护法》等单行法律也将应运而生，进一步落实和细化民法典提出的这些任务，更好地保护科技时代人们的各项权利，确保人的自由、全面的发展，让科技为人服务而不是反过来让人为科技奴役。

将复杂的道理说得浅显易懂是一件了不起的本领，将 10.6 万余字、1260 条的厚厚的民法典以漫画的形式展现出来、让老百姓喜闻乐见，是一件相当困难但值得尝试的事情。新华社张典标记者多年关注民法典的立法过程，在民法典出台前后花费大量时间采访不同的对象，搜集人们对民法典关注的事项，与专家学者一起商谈研讨，并组织专门的漫画家来绘图，形成这本漫画版的民法典，着实不易。这也必将为民法典的普及、为民法典走到群众身边、走进群众心里提供一种有趣有益的选择。

是为序！

　　2020 年 5 月 28 日 15 时 8 分，十三届全国人大三次会议表决通过了《中华人民共和国民法典》，宣告中国"民法典时代"正式到来。

　　别小看只是在民法后面多了一个"典"字，对我们生活的意义重大！

　　不信，请看我凭借民法典一生"避坑"的故事，也许也能对你的人生有所启发。

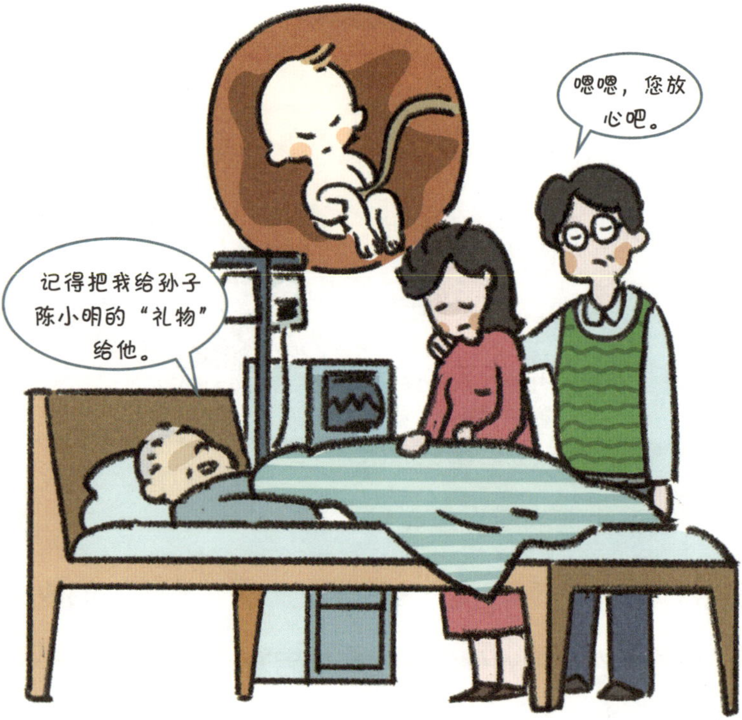

记得把我给孙子
陈小明的"礼物"
给他。

嗯嗯，您放
心吧。

在我还没出世的时候，民法典就已经在保障我的权益了。爷爷去世前，在遗嘱里写明部分遗产将由未出世的我继承，在民法典的保护下，只要我顺利诞生，爷爷的遗嘱就可以生效，我就可以获得爷爷指定给我的遗产了。

胎儿也有民事权利能力

法条：

第十六条　涉及遗产继承、接受赠与等胎儿利益保护的，胎儿视为具有民事权利能力。

第一千一百五十五条　遗产分割时，应当保留胎儿的继承份额。胎儿娩出时是死体的，保留的份额按照法定继承办理。

上小学后，爸爸妈妈交给我一项重大任务——打酱油。一瓶酱油虽小，店家也可能因为我是小孩子而不予售卖，幸好民法典保护了我"打酱油"的权利。

8岁

8岁以上就能打酱油

法条：

　　第十九条　八周岁以上的未成年人为限制民事行为能力人，实施民事法律行为由其法定代理人代理或者经其法定代理人同意、追认；但是，可以独立实施纯获利益的民事法律行为或者与其年龄、智力相适应的民事法律行为。

上学路上，遇到一个大妈头疼快晕倒在路边。我准备去扶一扶，被朋友劝阻。

为见义勇为者免责

法条：

　　第一百八十四条　因自愿实施紧急救助行为造成受助人损害的，救助人不承担民事责任。

　　坐高铁去旅游，特意买的靠窗位置被霸占了。我礼貌地请他回到自己的位置上，他说先到先得，就喜欢靠窗的位置。我告诉他治理高铁上霸座、霸铺，民法典有办法。随后，乘警把他强制拉走了。

治高铁霸座有招

法条:

　　第八百一十五条　旅客应当按照有效客票记载的时间、班次和座位号乘坐。旅客无票乘坐、超程乘坐、越级乘坐或者持不符合减价条件的优惠客票乘坐的，应当补交票款，承运人可以按照规定加收票款；旅客不支付票款的，承运人可以拒绝运输。

等到上了大学，身边的诱惑多了，难免有人上当。有同学相信路边贷款小广告，被上面诱人的说辞吸引，幸好我及时搬出民法典，告诉他这类广告的陷阱和高利贷的违法性质，才让他免于上当。

20岁

高利贷碰不得

法条：

第六百八十条　禁止高利放贷，借款的利率不得违反国家有关规定。

发现某视频网站 UP 主恶搞英雄烈士形象。我留言告诉他应该删除视频，并道歉。民法典规定，英雄烈士的人格权不容侵犯。

21岁

英雄烈士人格权不容侵犯

法条：

第一百八十五条　侵害英雄烈士等的姓名、肖像、名誉、荣誉，损害社会公共利益的，应当承担民事责任。

一个计算机专业的同学，打算利用自己掌握的黑客技术，潜入某游戏软件公司系统，盗取游戏公司的各种游戏点卡及充值卡，出售获利。我赶紧制止，并告诉他这属于盗窃虚拟财产，是违法的。

22岁

网络虚拟财产也受保护

法条：

第一百二十七条　法律对数据、网络虚拟财产的保护有规定的，依照其规定。

大学毕业租房，和房东签了两年的合同。没想到刚住两个月，房东要求我马上搬走，因为他把房子卖给别人了，别人要过来收房。我还没找到新房子，房东就把我的物品都丢在了门外。

租期没到，房东卖房咋办

法条：

第七百二十五条 租赁物在承租人按照租赁合同占有期限内发生所有权变动的，不影响租赁合同的效力。

第七百二十六条 出租人出卖租赁房屋的，应当在出卖之前的合理期限内通知承租人，承租人享有以同等条件优先购买的权利。

有猥琐的上司摸女同事的肩膀，还讲"黄段子"，我帮助受欺辱的女同事维权。

拒绝性骚扰，不做旁观者

法条：

第一千零一十条　违背他人意愿，以言语、行为等方式对他人实施性骚扰的，受害人有权依法请求行为人承担民事责任。机关、企业、学校等单位应当采取合理的预防、受理投诉、调查处置等措施，防止和制止利用职权、从属关系等实施性骚扰。

单位组织篮球比赛，激烈的拼抢中，同事小张被撞倒受伤，两队发生口角，愤怒中，小张要求撞倒他的同事赔偿。

我拿出民法典告诉他，民法典提出"自甘风险"原则，运动员不用赔。

27 岁

"自甘风险" 护航文体活动

法条：

第一千一百七十六条　自愿参加具有一定风险的文体活动，因其他参加者的行为受到损害的，受害人不得请求其他参加者承担侵权责任；但是，其他参加者对损害的发生有故意或者重大过失的除外。

　　28岁，我迎来人生中的大事——我结婚了。如何在婚姻中保持幸福，这是个大话题，我能做的，是走好每一步。民法典为婚姻作出了细致的保障，在民法典指引下，我一定好好珍惜这段感情。

28岁

婚姻中男女平等

法条：

第一千零四十一条 实行婚姻自由、一夫一妻、男女平等的婚姻制度。

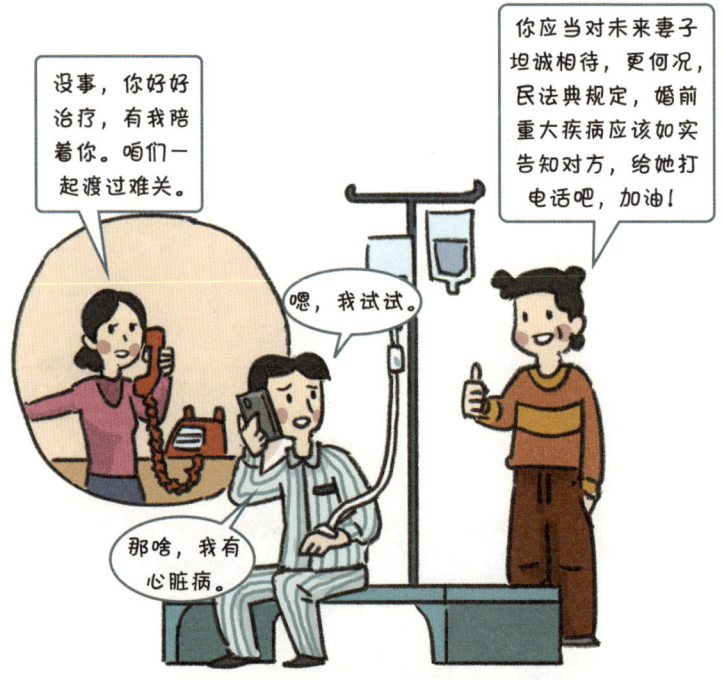

朋友很焦虑，原来他得了重病，又不敢告诉未婚妻，担心姑娘不和自己结婚。我告诉他，应该对未婚妻坦诚。况且按照民法典规定，婚前重大疾病应该如实告知对方。最终，朋友告诉了未婚妻，未婚妻表示将和他一起面对困难。

患重大疾病婚前应告知

法条：

　　第一千零五十三条　一方患有重大疾病的，应当在结婚登记前如实告知另一方；不如实告知的，另一方可以向人民法院请求撤销婚姻。

一个朋友夫妻出车祸去世，留下一个昏迷的孩子小超躺在病床上。两家人围绕着一个躺在病床上的孩子争吵不休，都说自己才是监护人。

31岁之一

谁才是监护人

法条：

　　第三十一条　对监护人的确定有争议的，由被监护人住所地的居民委员会、村民委员会或者民政部门指定监护人，有关当事人对指定不服的，可以向人民法院申请指定监护人；有关当事人也可以直接向人民法院申请指定监护人。

　　居民委员会、村民委员会、民政部门或者人民法院应当尊重被监护人的真实意愿，按照最有利于被监护人的原则在依法具有监护资格的人中指定监护人。

　　依据本条第一款规定指定监护人前，被监护人的人身权利、财产权利以及其他合法权益处于无人保护状态的，由被监护人住所地的居民委员会、村民委员会、法律规定的有关组织或者民政部门担任临时监护人。

　　监护人被指定后，不得擅自变更；擅自变更的，不免除被指定的监护人的责任。

朋友是单亲家庭，突然家长疑似某传染病毒感染，被隔离治疗，家中唯一的孩子得到了居委会的妥善照顾。

遇到突发事件，谁来照顾孩子

法条：

第三十四条　监护人的职责是代理被监护人实施民事法律行为，保护被监护人的人身权利、财产权利以及其他合法权益等。

监护人依法履行监护职责产生的权利，受法律保护。

监护人不履行监护职责或者侵害被监护人合法权益的，应当承担法律责任。

因发生突发事件等紧急情况，监护人暂时无法履行监护职责，被监护人的生活处于无人照料状态的，被监护人住所地的居民委员会、村民委员会或者民政部门应当为被监护人安排必要的临时生活照料措施。

　　学校老师发现一名学生身上总有伤，仔细询问发现总是被家暴，报案之后发现其单亲父亲长期家暴，学校申请法院撤销其监护权。

31岁之三

浪爸回头金不换（1）

法条：

　　第三十六条　监护人有下列情形之一的，人民法院根据有关个人或者组织的申请，撤销其监护人资格，安排必要的临时监护措施，并按照最有利于被监护人的原则依法指定监护人：

　　（一）实施严重损害被监护人身心健康的行为；

　　（二）怠于履行监护职责，或者无法履行监护职责且拒绝将监护职责部分或者全部委托给他人，导致被监护人处于危困状态；

　　（三）实施严重侵害被监护人合法权益的其他行为。

　　本条规定的有关个人、组织包括：其他依法具有监护资格的人，居民委员会、村民委员会、学校、医疗机构、妇女联合会、残疾人联合会、未成年人保护组织、依法设立的老年人组织、民政部门等。

　　前款规定的个人和民政部门以外的组织未及时向人民法院申请撤销监护人资格的，民政部门应当向人民法院申请。

　　某人因生意失败，染上酗酒毛病，开始对子女家暴，被撤销监护权，事后无比后悔，痛改前非，求得了家人的谅解，被法院同意恢复监护人资格。

31岁之四

浪爸回头金不换（2）

第三十八条　被监护人的父母或者子女被人民法院撤销监护人资格后，除对被监护人实施故意犯罪的外，确有悔改表现的，经其申请，人民法院可以在尊重被监护人真实意愿的前提下，视情况恢复其监护人资格，人民法院指定的监护人与被监护人的监护关系同时终止。

　　朋友小张出自好意，开私家车上班时免费载了顺路的同事。没想到，路上出了车祸，他和同事的友情翻了车，被同事索赔10万元。小张觉得很委屈，找我哭诉。我看不下去，周末到医院找到小张同事，向他说明，"好意同乘"可减轻赔偿责任，不可都向小张索赔。

"好意同乘" 出事故可减责

法条:

第一千二百一十七条　非营运机动车发生交通事故造成无偿搭乘人损害，属于该机动车一方责任的，应当减轻其赔偿责任，但是机动车使用人有故意或者重大过失的除外。

　　我常去的一家餐厅，一个客人没付钱就往外跑，店主小王一边拨打 110 报警，一边追出去。结果客人跑着跑着摔了一跤，还起诉小王，要求赔偿一万元医药费。小王很委屈，我告诉他不用怕，民法典保护受害人的合理自助，赋予个体私力救济权。

　　最后法院判决认为，客人就餐后未买单，也未告知餐馆经营人用餐费用怎么处理即离开饭店，属于吃"霸王餐"的不诚信行为，经营者小王要求客人付款的行为并无不当。客人在逃跑过程中因自身原因摔伤，与小王恰当合理的自助行为之间并无直接因果关系，小王不用承担赔偿责任。

33岁

私力救济权可治"霸王餐"（1）

法条：

第一千一百七十七条　合法权益受到侵害，情况紧迫且不能及时获得国家机关保护，不立即采取措施将使其合法权益受到难以弥补的损害的，受害人可以在保护自己合法权益的必要范围内采取扣留侵权人的财物等合理措施；但是，应当立即请求有关国家机关处理。

受害人采取的措施不当造成他人损害的，应当承担侵权责任。

　　我忘了缴纳物业费，物业公司停了我家的供水、供电、供热、供燃气，导致我家大冬天受冻，外面窗外下着大雪。我给物业打电话，告诉他们，断电断水这样的催缴物业费方式是被民法典禁止的。

断电断水催交物业费？
行不通了

法条：

第九百四十四条　物业服务人不得采取停止供电、供水、供热、供燃气等方式催交物业费。

　　小区电梯间也有广告投放，但因此产生的公共收益，我们业主却从未见过。一个业主说，电梯里一直有广告，但是从来没有人告知我们要贴这些广告，也完全不知道收益去了哪里。此前也有业主找物业公司了解情况，但最终不了了之。

小区电梯广告收入归业主

法条：

　　第二百八十二条　明确建设单位、物业服务企业或者其他管理人等利用业主的共有部分产生的收入，在扣除合理成本之后，属于业主共有。

　　小区电梯突发严重故障，需要更换，但是小区一时无法征集达到法定表决的业主同意，此时业委会可以先申请使用公维资金更换电梯。

35岁之二

紧急情况，
业主维修资金怎么用

法条：

第二百八十一条　建筑物及其附属设施的维修资金，属于业主共有。经业主共同决定，可以用于电梯、屋顶、外墙、无障碍设施等共有部分的维修、更新和改造。建筑物及其附属设施的维修资金的筹集、使用情况应当定期公布。

紧急情况下需要维修建筑物及其附属设施的，业主大会或者业主委员会可以依法申请使用建筑物及其附属设施的维修资金。

一户人家需要牵电线，必须从邻居屋檐下走线，邻居不同意。邻居的这种做法不对。

我需要给邻居
改造电路提供方便吗

法条:

第二百九十二条 不动产权利人因建造、修缮建筑物以及铺设电线、电缆、水管、暖气和燃气管线等必须利用相邻土地、建筑物的，该土地、建筑物的权利人应当提供必要的便利。

小区物业管理很糟糕。楼道照明灯坏了物业也不换，屋顶漏水也不管。每次向物业反映，他们总是敷衍一下，说马上就解决，结果到头来还是什么都没做。再去找他们，干脆两手一摊说现在物业费没有收齐，没有钱，还说他们是开发商老早就签合同聘请的，业主无权管他们。我拿着民法典，和几个业主一起，对物业说，按照民法典，业主对物业不满意有权依法更换。

35岁之四

业主有权换物业

法条:

第二百八十四条　业主可以自行管理建筑物及其附属设施，也可以委托物业服务企业或者其他管理人管理。

对建设单位聘请的物业服务企业或者其他管理人，业主有权依法更换。

养狗不牵绳。一只没牵绳的猛犬冲着路人狂吠，不远处是被咬伤后，躺在地上，流着泪的伤员。一边的狗主人还很凶。

带着媳妇出门遛弯儿，看到一只猛犬把路人咬伤。我掏出民法典对狗主人说，按照民法典你养狗应该拴绳，狗伤人你要担责。

36岁之一

养狗要拴绳，伤人要担责

法条：

　　第一千二百四十六条　违反管理规定，未对动物采取安全措施造成他人损害的，动物饲养人或者管理人应当承担侵权责任；但是，能够证明损害是因被侵权人故意造成的，可以减轻责任。

　　某分支机构签订合同不履行，导致总部被告，总部不服，认为债主应该找分支机构去解决。这种理解错误，法人应当对分支机构的行为负责。

36岁之二

培训机构分支跑路怎么办

法条：

第七十四条　法人可以依法设立分支机构。法律、行政法规规定分支机构应当登记的，依照其规定。

分支机构以自己的名义从事民事活动，产生的民事责任由法人承担；也可以先以该分支机构管理的财产承担，不足以承担的，由法人承担。

　　去医院看病，看到一些患者家属怒气汹汹地推搡、打骂值班医务人员等人，造成多名医护人员受伤，一些医护人员被推倒了。我拿着民法典上去劝，告诉患者家属保持冷静，不能干扰医疗秩序，妨碍医务人员工作。

37岁

给"医闹之痛"开处方

法条：

第一千二百二十八条　医疗机构及其医务人员的合法权益受法律保护。干扰医疗秩序，妨碍医务人员工作、生活，侵害医务人员合法权益的，应当依法承担法律责任。

　　小明问妈妈："为什么马路上捡到钱要交给警察叔叔？"妈妈回答："捡到别人的东西要交给失主，如果不知道失主是谁，最好就交给警察叔叔去招领。"

儿子在马路边捡到100元

法条:

　　第三百一十四条　拾得遗失物，应当返还权利人。拾得人应当及时通知权利人领取，或者送交公安等有关部门。

上游发大水了，漂来一个大衣柜，某人赶紧捞上来准备自己用，结果原主人一路寻来索要，要不要归还？必须归还原主。

水上漂来的大衣柜，归谁

法条：

第三百一十九条　拾得漂流物、发现埋藏物或者隐藏物的，参照适用拾得遗失物的有关规定。法律另有规定的，依照其规定。

一个朋友是一家电视台的主持人，因为独特的甜美嗓音而受欢迎。她找我哭诉说，最近她的声音被一个软件公司擅自用于语音提醒。她无意中打开了这款 APP 才发现的，她找软件公司沟通要求停止侵权，软件公司没搭理她。我拿出民法典告诉她，别担心，民法典保护"声音权"。

39岁

"声音权"也受保护

法条：

第一千零二十三条　对姓名等的许可使用，参照适用肖像许可使用的有关规定。

对自然人声音的保护，参照适用肖像权保护的有关规定。

小姨你别哭了。

这个混蛋，原来离婚前在外面赌博欠了不少钱，现在债主找我来了。

怎么能这样？又不是你赌的。

不用怕，你前夫瞒着你赌博欠下的赌债，不属于夫妻共同债务。你不用还。

　　老婆的妹妹找上门求助，说前夫在外迷上赌博，背着自己借了很多钱。离婚后，债主从前夫那收不到欠款，便来围堵自己，自己不知所措。我告诉她，按照民法典她没有还款义务，应该拿起法律武器保护自己。

夫妻共同债务要搞清

法条：

第一千零六十四条　夫妻双方共同签字或者夫妻一方事后追认等共同意思表示所负的债务，以及夫妻一方在婚姻关系存续期间以个人名义为家庭日常生活需要所负的债务，属于夫妻共同债务。

夫妻一方在婚姻关系存续期间以个人名义超出家庭日常生活需要所负的债务，不属于夫妻共同债务；但是，债权人能够证明该债务用于夫妻共同生活、共同生产经营或者基于夫妻双方共同意思表示的除外。

朋友和妻子因为谁洗碗的问题吵架，最后要闹着去离婚。我们劝了几次都没用。第二天到了离婚登记处，工作人员让他们再冷静冷静，30天后考虑清楚再来。

离婚先冷静 30 天

法条：

第一千零七十七条　自婚姻登记机关收到离婚登记申请之日起三十日内，任何一方不愿意离婚的，可以向婚姻登记机关撤回离婚登记申请。

前款规定期限届满后三十日内，双方应当亲自到婚姻登记机关申请发给离婚证；未申请的，视为撤回离婚登记申请。

　　小区由于停车难的问题，小区空地规划了一批停车位。原本以为好停车了，没想到这些新规划好的车位全被物业外包，那些被外包的停车位停着外来车辆。我拿着民法典，对物业人员说，民法典规定小区车位应首先满足业主。

42岁

小区车位先满足业主

法条：

第二百七十六条　建筑区划内，规划用于停放汽车的车位、车库应当首先满足业主的需要。

　　和朋友一起去餐厅吃饭，发现旁边一桌的客人正在和服务员争论。原来服务员将别人的菜端上了这一桌客人的桌上。客人明知服务员上错菜了，将错就错，索性吃完。结账的时候，服务员发现桌上多了一道菜，要求客人付钱。客人拒绝。我拿出民法典告诉他，这道菜属于客人的不当得利，餐厅有权要求你付钱。

没有天上掉馅饼，
不当利益要返还

法条：

第一百二十二条　因他人没有法律根据，取得不当利益，受损失的人有权请求其返还不当利益。

孩子上初中之后，我给报名一家培训班，在入学信息表上留存了姓名、电话号码、身份证号等信息。随后不久，我便接到某家教机构电话，明确拒绝之后的一段时间内，该商家多次以短信、电话的方式不断推送产品信息。我电话告诉他们，民法典保护"私人生活安宁"。

44岁

"私人生活安宁" 纳入隐私权

法条：

第一千零三十二条 自然人享有隐私权。任何组织或者个人不得以刺探、侵扰、泄露、公开等方式侵害他人的隐私权。

隐私是自然人的私人生活安宁和不愿为他人知晓的私密空间、私密活动、私密信息。

　　一家人一起去旅游，在酒店电源插头口发现一个摄像头。老婆和儿子觉得没拍到什么就算了，多一事不如少一事，我觉得按照民法典保护个人信息，这种事要坚决举报。

45岁

个人信息保护再添防盗法网

法条:

第一千零三十三条　除法律另有规定或者权利人明确同意外，任何组织或者个人不得实施下列行为:

（一）以电话、短信、即时通讯工具、电子邮件、传单等方式侵扰他人的私人生活安宁;

（二）进入、拍摄、窥视他人的住宅、宾馆房间等私密空间;

（三）拍摄、窥视、窃听、公开他人的私密活动;

（四）拍摄、窥视他人身体的私密部位;

（五）处理他人的私密信息;

（六）以其他方式侵害他人的隐私权。

　　家里的宠物狗丢了，恰巧被小泽捡到，并好心将狗狗暂时收留照顾，还发布了招领启示。我找了几天之后，终于找到了小泽，把狗领了回去，并给小泽一些饲养费。

无因管理可请求偿还必要费用

法条：

　　第一百二十一条　没有法定的或者约定的义务，为避免他人利益受损失而进行管理的人，有权请求受益人偿还由此支出的必要费用。

　　朋友王慧找上门求助。与前夫离婚后，两个孩子归她抚养，前夫还因对孩子家暴被撤销监护资格。但是自己收入低，经济压力很大，而前夫对抚养孩子一分钱不出。我拿出民法典，告诉她前夫监护人资格被撤销后，对孩子负担的义务要继续履行。

监护人资格被撤销，义务照常

法条：

第三十七条　依法负担被监护人抚养费、赡养费、扶养费的父母、子女、配偶等，被人民法院撤销监护人资格后，应当继续履行负担的义务。

准备去外地旅游，已经到了机场，结果外地突发疫情，导致一家四口预定的航班被取消，告诉航空公司和酒店客服，要求机票和酒店的退款。

48岁

遭遇不可抗力情形可免责

法条：

第一百八十条　因不可抗力不能履行民事义务的，不承担民事责任。法律另有规定的，依照其规定。

不可抗力是不能预见、不能避免且不能克服的客观情况。

　　小区附近有一家工厂，私设暗管，趁着夜里把污染物指标严重超标的生产废水偷排到附近河道，导致河道鱼虾大面积死亡，散发着臭味。这家工厂毫无歉意、反而很猖狂，面对环境民事公益诉讼，扬言"不就是出出小钱吗？生态环境损失了多少，我们就赔偿多少，我们赚得盆满钵满，这点小钱小意思"。最终法院处以惩罚性赔偿，并要求工厂修复河道的生态环境，该工厂最终支付了巨额的赔偿费用。

故意污染环境小心惩罚性赔偿

法条：

第一千二百三十二条　侵权人违反法律规定故意污染环境、破坏生态造成严重后果的，被侵权人有权请求相应的惩罚性赔偿。

不好意思啊，董事会没通过，爱莫能助。

董事会经过商议，按照公司流程，认定刘总和贵公司签订的合同无效。

民法典规定，不能以内部约定对抗善意第三人，法定代表人的行为能够代表公司，贵公司的否决是不合法的。

　　某法定代表人代表公司签订了一千万的合同，对方要求公司按合同付款时，公司董事会不认账，说内部规定金额达到一百万的合同必须董事会同意才能签。这一说法不对，不能以内部约定对抗善意第三人，法定代表人的行为能够代表公司。

法定代表人越权签的合同有效吗

法条:

第六十一条　依照法律或者法人章程的规定，代表法人从事民事活动的负责人，为法人的法定代表人。

法定代表人以法人名义从事的民事活动，其法律后果由法人承受。

法人章程或者法人权力机构对法定代表人代表权的限制，不得对抗善意相对人。

　　某人自行车摔坏了拿去修，师傅好不容易修好了，收取修车费时，此人嫌贵不愿付，师傅拿锁锁住车不让走，此人报警。警察说："师傅做的没错，他有留置权。"

50岁之一

什么是留置权

法条：

第四百四十七条　债务人不履行到期债务，债权人可以留置已经合法占有的债务人的动产，并有权就该动产优先受偿。

前款规定的债权人为留置权人，占有的动产为留置财产。

　　妻子决定创业，开了一家咖啡店。自己创业烦心事不少，这回遇到一个吃"霸王餐"的顾客。眼看着顾客要跑，妻子和帮忙的儿子一起拉住顾客的包，顾客扬言，说这是"非法扣留"。妻子正无言以对，我及时赶到，掏出民法典为妻子的行为正名。

私力救济权可治"霸王餐"（2）

法条:

第一千一百七十七条　合法权益受到侵害，情况紧迫且不能及时获得国家机关保护，不立即采取措施将使其合法权益受到难以弥补的损害的，受害人可以在必要范围内采取扣留侵权人的财物等合理措施；但是，应当立即请求有关国家机关处理。

受害人采取的措施不当造成他人损害的，应当承担侵权责任。

街道上，高楼掉下一个花盆砸坏了路边的汽车，车主打电话举报。

公安机关介入调查，通过家中没有相关抛掷物、事发家中无人、物理学规律证明不可能等证据排除了一些业主的可能性之后，一直没找到花盆主人。所有其他不能够证明自己不是侵权人的业主合起来交了3万元赔偿金。

半年之后，公安机关终于找到了花盆主人，无辜的业主向花盆主人要回了此前交的赔偿金。

保护头顶上的安全，
向高空抛物说"不"

法条：

第一千二百五十四条　禁止从建筑物中抛掷物品。从建筑物中抛掷物品或者从建筑物上坠落的物品造成他人损害的，由侵权人依法承担侵权责任；经调查难以确定具体侵权人的，除能够证明自己不是侵权人的外，由可能加害的建筑物使用人给予补偿。

可能加害的建筑物使用人补偿后，有权向侵权人追偿。物业服务企业等建筑物管理人应当采取必要的安全保障措施防止前款规定情形的发生；未采取必要的安全保障措施的，应当依法承担未履行安全保障义务的侵权责任。

发生本条第一款规定的情形的，有关机关应当依法及时调查，查清责任人。

　　施工单位派了几个工人在路上施工，挖了一个坑，中午工人吃饭休息，小明骑摩托车经过掉进坑里，要求施工单位赔偿损失。

路上掉坑里，能索赔施工方吗

法条：

第一千二百五十八条　在公共场所或者道路上挖掘、修缮、安装地下设施等造成他人损害，施工人不能证明已经设置明显标志和采取安全措施的，应当承担侵权责任。

窨井等地下设施造成他人损害，管理人不能证明尽到管理职责的，应当承担侵权责任。

邻居老金头真可怜，把房子过户给儿子后，却被儿子赶出家门，无路可去只好来向我求助。气愤的我领着老金头去找他儿子理论，没想到这小子却说什么"房子已经过户给我，我有处置权"时，幸好老金头想起来，刚把房子给儿子时，两人有一个居住权协议，还办了登记，儿子当时说一辈子都让老金头免费住。我拿出民法典，警告他老金头依然有住宅居住权。

60岁

弱势群体"住有所居"更有保障

法条:

第三百六十六条　居住权人有权按照合同约定,对他人的住宅享有占有、使用的用益物权,以满足生活居住的需要。

回到农村老家，大家称我为返乡乡贤，希望我为村里发展出谋划策。我建议几个有想法的年轻人把村子里闲置的土地集中起来经营，发展特色种植。

63岁

土地经营权"三权分置"放活农业

法条：

第三百三十九条　土地承包经营权人可以自主决定依法采取出租、入股或者其他方式向他人流转土地经营权。

第三百四十条　土地经营权人有权在合同约定的期限内占有农村土地，自主开展农业生产经营并取得收益。

第三百四十一条　流转期限为五年以上的土地经营权，自流转合同生效时设立。当事人可以向登记机构申请土地经营权登记；未经登记，不得对抗善意第三人。

　　某人委托中介帮忙买房，在中介的帮助下看中一套房屋后，为了节省中介费，私下联系业主签订买卖合同。中介得知后索要约定的中介费。我告诉买家，这钱必须给。

64 岁

跳单也得付酬

法条:

　　第九百六十五条　委托人在接受中介人的服务后，利用中介人提供的交易机会或者媒介服务，绕开中介人直接订立合同的，应当向中介人支付报酬。

五年前，老王头因做生意向我借了 20 万元，当时写了借条，约定第三年就还我。如今约定的期限过了两年，我在角落里发现那张借条，老王头不认账了。我拿着借条去法院起诉老王头。老王头最终把钱还给我了。

"告不告"，有三年时间考虑

法条：

第一百八十八条　向人民法院请求保护民事权利的诉讼时效期间为三年。法律另有规定的，依照其规定。

　　老王头这几年身体不好，常去医院，他告诉我，他准备提前打印好了遗嘱。我提醒他，打印遗嘱要生效必须要有两个以上无利害关系的见证人在场见证；遗嘱人和所有见证人在打印遗嘱的每一页上签字，并注明日期。

"打印遗嘱"同样有效

法条：

第一千一百三十六条规定　打印遗嘱应当有两个以上见证人在场见证。遗嘱人和见证人应当在遗嘱每一页签名，注明年、月、日。

第一千一百四十条规定　下列人员不得作为遗嘱见证人：（一）无民事行为能力人、限制民事行为能力人以及其他不具有见证能力的人；（二）继承人、受遗赠人；（三）与继承人、受遗赠人有利害关系的人。

　　身体不好的妻子突然离世，我和儿子思前想后，忍着巨大的悲痛，决定捐献妻子的遗体器官，用另一种方式让妻子的生命延续下去。

82岁

家属可以决定捐献死者的器官

法条：

第一千零六条　完全民事行为能力人有权依法自主决定无偿捐献其人体细胞、人体组织、人体器官、遗体。任何组织或者个人不得强迫、欺骗、利诱其捐献。完全民事行为能力人依据前款规定同意捐献的，应当采用书面形式或者有效的遗嘱形式。

自然人生前未表示不同意捐献的，该自然人死亡后，其配偶、成年子女、父母可以共同决定捐献，决定捐献应当采用书面形式。

结　语

　　《中华人民共和国民法典》共 7 编，包括总则编、物权编、合同编、人格权编、婚姻家庭编、继承编、侵权责任编等，共 1260 条，创下新中国立法史的新纪录。

　　民法典的出台，标志着我国依法保护民事权利将进入全新时代。

　　不少媒体仍把民法典称为"民事权利宣言书"，但民法典不止是宣言，宣言只停留在口号上，而民法典已经规定了具体规则，是真正的民事法律。

　　民法典被认为是"社会生活的百科全书"。一个人从摇篮到坟墓，社会生活的方方面面都能在民法典中找到依据。

　　从买卖双方合同订立到个人婚姻家庭关系，再到保护人格权……民法典回应了人民诉求，全方位保护民事权利，激发社会经济活力，完善国家治理体系和治理能力现代化。

　　经过多年"打磨"，几代人热切期盼的民法典时代终于到来。